NOTION : passé - présent - futur

A. ***Voici une histoire.*** *Les dessins sont dans le bon ordre.*
Ecris *à côté de chaque phrase* ***le numéro du dessin*** *qui lui correspond.*

Stéphanie a réalisé une marotte. ____ Stéphanie réalise une marotte. ____

Stéphanie va réaliser une marotte. ____ Stéphanie réalisera une marotte. ____

B. ***Classe les phrases par ordre chronologique en plaçant les numéros 1, 2, 3, 4.***

1 Philippe caresse le chat du voisin. ____

Philippe caressera le chat du voisin. ____

Philippe a caressé le chat du voisin. ____

Philippe va caresser le chat du voisin. ____

W0318858

2 L'institutrice conduira les enfants à la piscine. ____

L'institutrice a conduit les enfants à la piscine. ____

L'institutrice va conduire les enfants à la piscine. ____

L'institutrice conduit les enfants à la piscine. ____

3 Patrick et Véronique soignent les lapins. ____

Patrick et Véronique vont soigner les lapins. ____

Patrick et Véronique ont soigné les lapins. ____

Patrick et Véronique soigneront les lapins. ____

 N ____________________ D ____________________

© Copyright Plantyn - Reproduction interdite

NOTION : passé - présent - futur

Place sur la ligne du temps.

A. *1 présent* *2 passé* *3 futur*

c'était avant	c'est maintenant	ce sera plus tard
2	1	3

B. *1 tu écouteras* *2 tu as écouté* *3 tu écoutes*

hier	maintenant	demain
2	3	1

C. *1 c'est passé* *2 ça se passe* *3 ça se passera*

hier	maintenant	demain
1	2	3

D. *1 nous vendrons* *2 nous vendions* *3 nous vendons*

hier	maintenant	demain
2	3	1

E. *1 ils avaient pris* *2 ils prendront* *3 ils prennent*

hier	maintenant	demain
1	3	2

2 N ______________________ D ______________________

NOTION : passé - présent - futur

Place sur la ligne du temps.

A. 1 on ira 2 on va 3 on est allé

passé présent futur

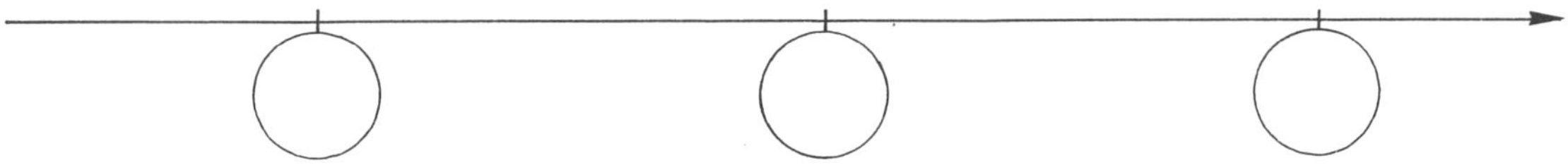

B. 1 elle saura 2 elle a su 3 elle sait

passé présent futur

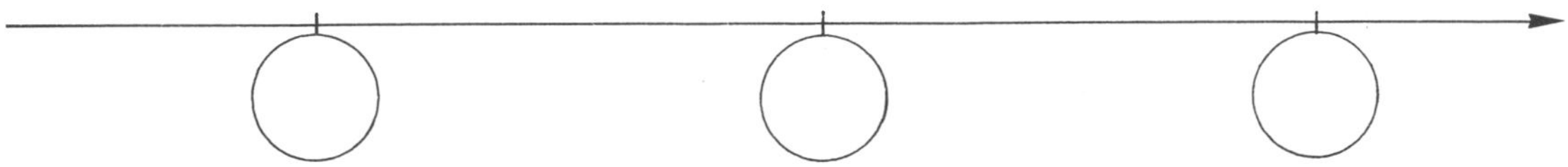

C. 1 j'avais voulu 2 je veux 3 je voudrai

hier maintenant demain

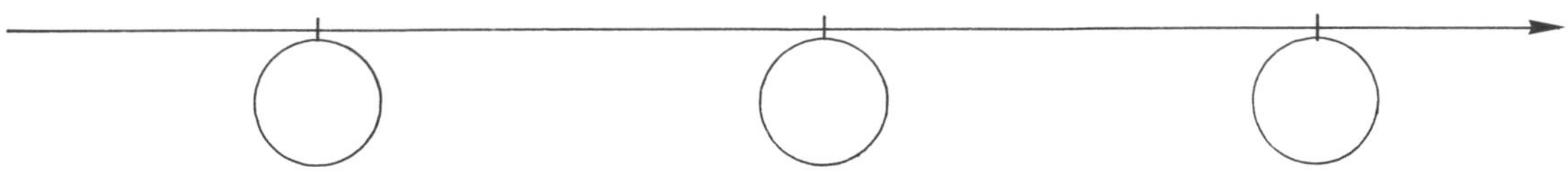

D. 1 vous sortez 2 vous êtes sortis 3 vous allez sortir

passé présent futur

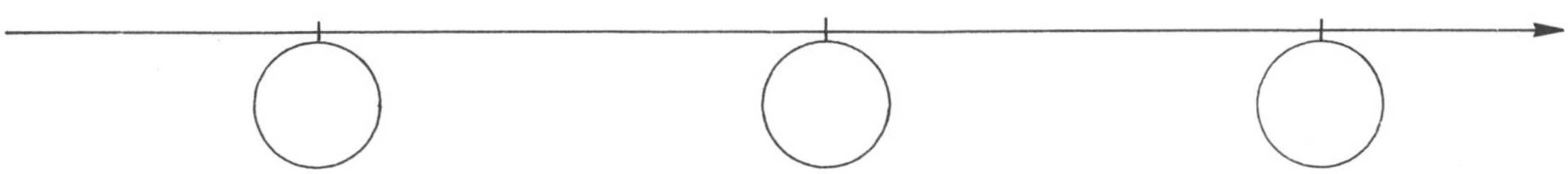

E. 1 je lui dis 2 je lui dirai 3 je lui ai dit

passé présent futur

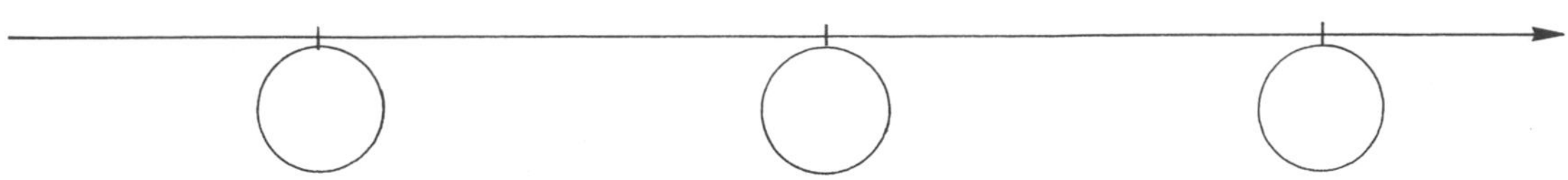

3 N ______________________ D ______________________ [ ]

© Copyright Plantyn - Reproduction interdite

NOTION : passé - présent - futur

Place sur la ligne du temps.

A. *1 dans une demi-heure* *2 dans deux heures* *3 dans un quart d'heure*

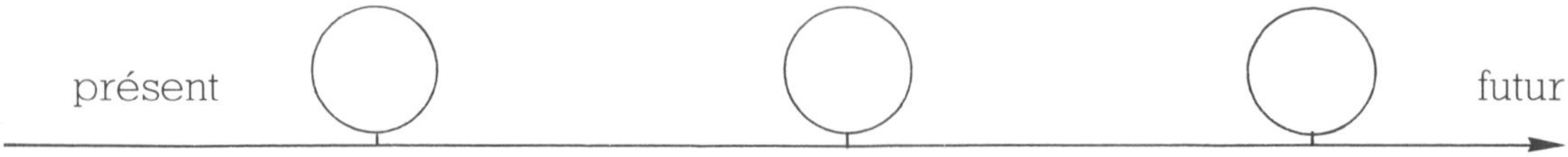

B. *1 dans un mois* *2 dans un an* *3 dans dix semaines*

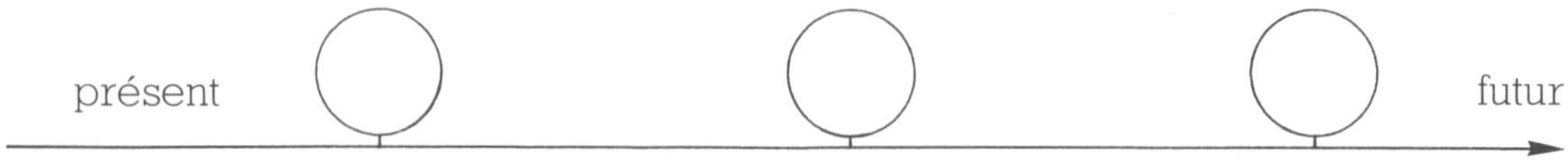

C. *1 hier matin* *2 hier soir* *3 hier midi*

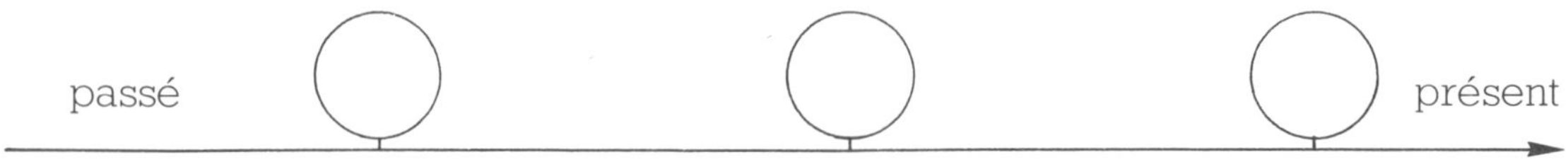

D. *1 il y a longtemps* *2 il y a un peu de temps* *3 il y a un instant*

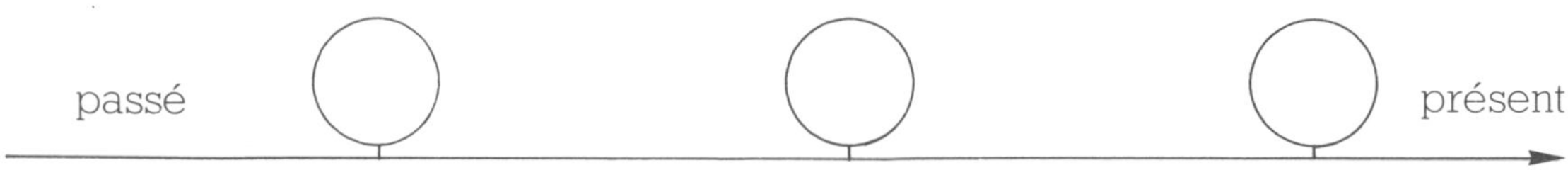

E. *1 tout de suite* *2 plus tard* *3 dans un moment*

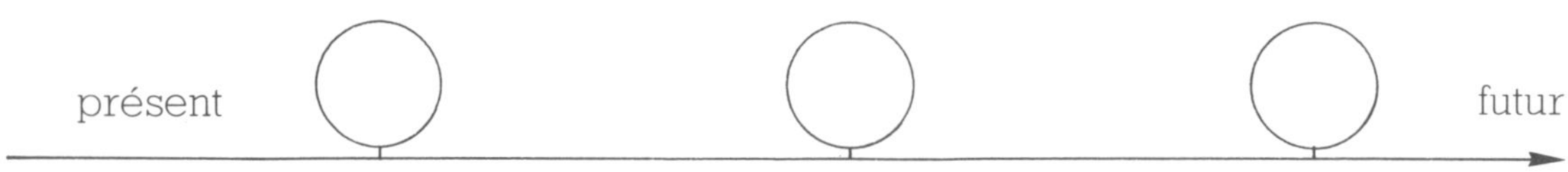

F. *1 voici vingt ans* *2 il y a des siècles* *3 l'an passé*

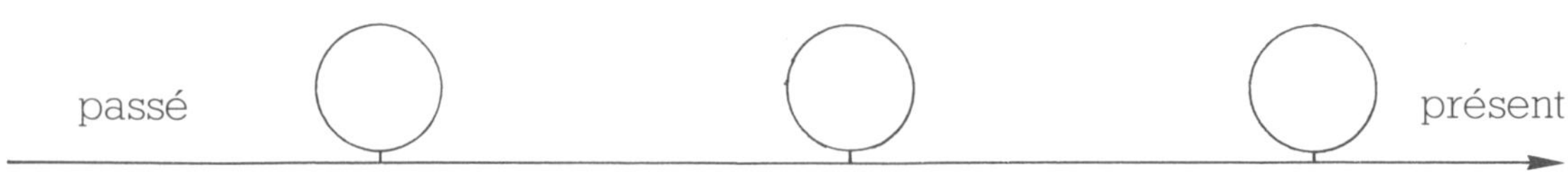

NOTION : passé - présent - futur

Lis attentivement chaque phrase et écris le bon numéro.

passé	présent	futur
1	2	3

Ce matin, j'ai vu (___) un hérisson. Il se cachait (___) dans mon jardin. Je l'ai observé (___) puis j'ai voulu (___) le toucher. Oh surprise, en quelques secondes il s'est transformé (___) en une grosse boule piquante. J'ai pensé (___) qu'il valait (___) mieux le laisser tranquille. Pour en savoir plus sur la vie des hérissons, je consulte mon encyclopédie. Le hérisson habite (___) les lieux où les insectes sont (___) abondants et où il dispose (___) de cachettes. Durant la journée, le hérisson se cache (___) dans les broussailles. Il en sortira (___) au coucher du soleil et il partira (___) à la recherche de sa nourriture. Lorsqu'il est (___) en danger, il s'immobilise (___) et les piquants de sa tête se dressent (___) ...

5 N ______________________ D ______________________

© Copyright Plantyn - Reproduction interdite

NOTION : passé - présent - futur

Place sur la ligne du temps.

***A.** 1 dans trois heures* *2 dans trois siècles* *3 dans trois mois*

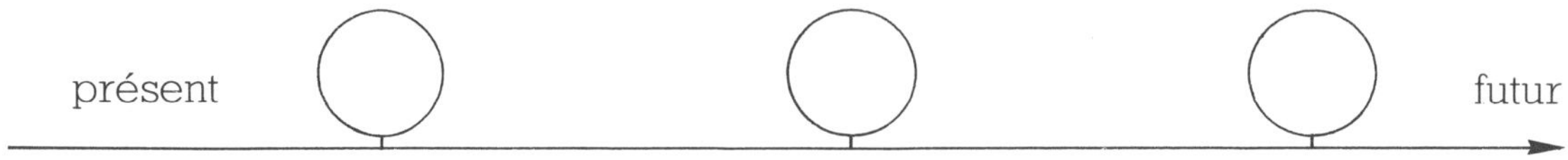

***B. 1** tôt ce matin* *2 la nuit passée* *3 hier soir*

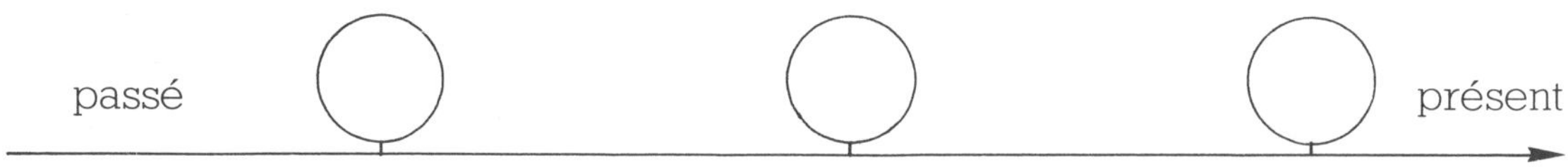

Invente et écris les groupes qui correspondent aux numéros 1, 2 et 3.

***C.** 1* ____________ *2* ____________ *3* ____________

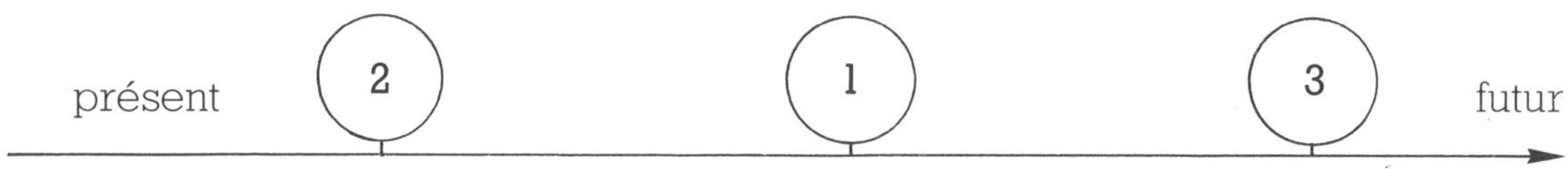

***D.** 1* ____________ *2* ____________ *3* ____________

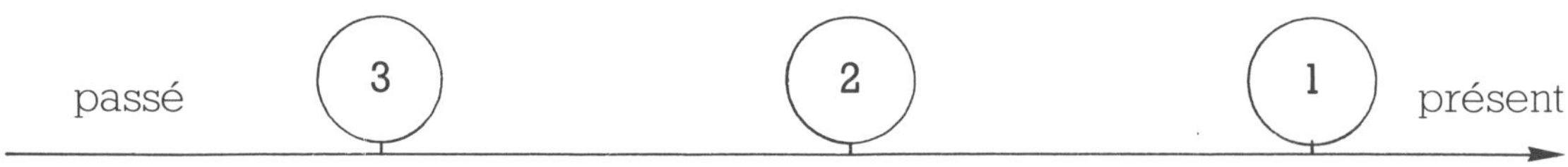

Classe par ordre chronologique** (passé ➡ futur) **en plaçant les numéros 1, 2, 3, 4, 5.

1 il y a trois jours ⟶ ____	**2** la semaine prochaine ⟶ ____
le mois dernier ⟶ ____	demain matin ⟶ ____
dans un mois ⟶ ____	ce matin ⟶ ____
l'an prochain ⟶ ____	avant-hier soir ⟶ ____
maintenant ⟶ ____	l'année passée ⟶ ____

 N ____________ D ____________ [ ]

NOTION : passé - présent - futur

A. Recopie les phrases en suivant l'ordre des dessins.

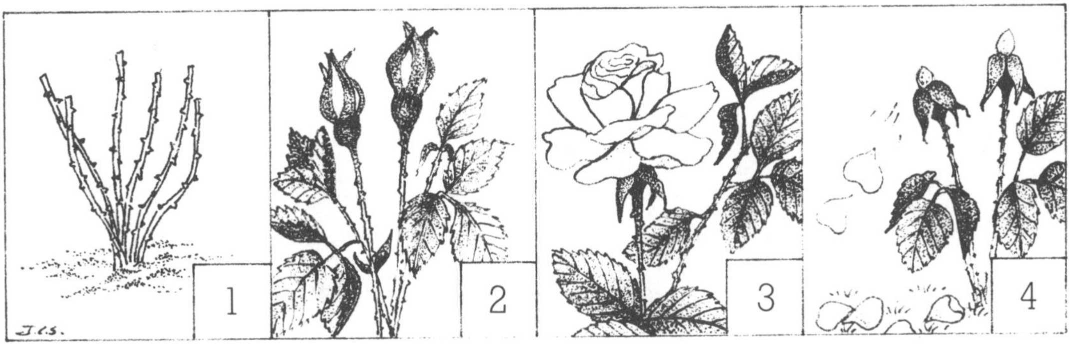

Le rosier a fleuri. Le rosier fleurira. Le rosier va fleurir. Le rosier fleurit.

1 ________________________________

2 ________________________________

3 ________________________________

4 ________________________________

B. 1. Classe les dessins pour reconstituer l'histoire : 1, 2, 3, 4.

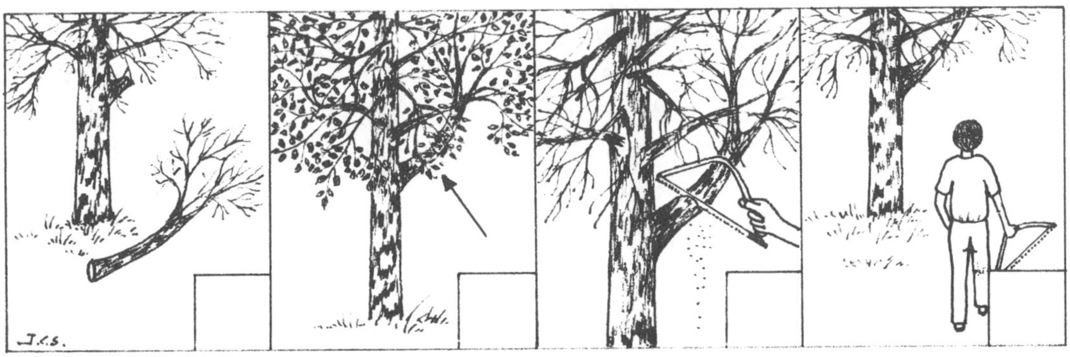

2. Recopie les phrases en suivant l'ordre des dessins.

Julien scie cette branche. Julien va scier cette branche.
Julien a scié cette branche. Julien sciera cette branche.

1 ________________________________

2 ________________________________

3 ________________________________

4 ________________________________

 N ________________ D ________________

© Copyright Plantyn - Reproduction interdite

NOTION : passé - présent - futur

A. Lis attentivement chaque phrase et écris le bon numéro.

passé — présent — futur

1 — 2 — 3

1 Sophie arrivera ce soir. (___) **2** Les enfants avaient trouvé ce jeu très amusant. (___) **3** Je rentre à la maison. (___) **4** Vous aviez découvert la solution bien avant moi. (___) **5** Julien invitera ses amis pour son anniversaire. (___) **6** L'eau ruisselait sur la fenêtre. (___) **7** Grand-maman prépare de délicieuses crêpes. (___) **8** Tu as acheté un magnifique tissu pour te faire cette robe. (___) **9** Les étoiles brillaient dans le ciel. (___) **10** L'hiver sera rude cette année. (___) **11** Nous partions par petits groupes. (___) **12** Dany tond la pelouse. (___) **13** Il préparait sa valise pour ce voyage. (___) **14** Je suis certaine de le rencontrer. (___) **15** Notre cheval participe à cette course. (___)

B. Classe dans la bonne colonne.

tu vas - il frotte - vous teniez - Marc jouait - les enfants joueront - elles chantaient - elle entrera - nous dirigeons - j'entre - il est allé - on recevra - tu as joué - j'ai reçu - vous prévenez - nous irons - nous chanterons - vous êtes entrés - elles reçoivent - il chante.

passé	présent	futur

 N ______________________ D ______________________

REVISION DES 12 VERBES TYPES

Conjugue chaque verbe au temps et mode indiqués.

1 Il *(venir - ind. présent)* ____________________ s'asseoir près de moi.

2 Elles *(finir - ind. futur proche)* ____________________ leur bricolage.

3 Les hirondelles *(être - ind. futur simple)* ____________________ de retour dans quelques jours.

4 Nous *(avoir - ind. imparfait)* ____________________ envie de lire ce livre.

5 J'*(tenir - ind. passé composé)* ____________________ le chien en laisse.

6 Ils *(savoir – ind. futur simple)* ____________________ que tu es venue.

7 *(dire - imp. présent 2 p. s.)* ____________________ le motif de ton absence.

8 Mes amis *(vouloir - ind. futur simple)* ____________________ y participer.

9 Vous *(faire - ind. imparfait)* ____________________ semblant de ne pas le voir.

10 On *(savoir - ind. présent)* ____________________ ce qui lui est arrivé.

11 Elle *(pouvoir - ind. passé composé)* ____________________ nous prévenir.

12 *(être - imp. présent 2 p. p.)* ____________________ sages durant mon absence.

13 Ils *(avoir - ind. futur proche)* ____________________ un stagiaire pendant deux semaines.

14 Madame *(aller - ind. futur proche)* ____________________ l'accueillir à la gare ce matin.

15 J'*(sursauter - ind. passé composé)* ____________________ lorsque ce bruit a retenti.

16 *(faire - imp. présent 1 p. p.)* ____________________ de notre mieux.

17 Elles *(tenir - ind. présent)* ____________________ beaucoup à participer à cette fête.

18 *(arrêter - imp. présent 2 p.s.)* ____________________ immédiatement de faire toutes ces bêtises!

19 Il *(dire - ind. imparfait)* ____________________ aimer jouer avec lui.

20 Elle *(finir - ind. passé composé)* ____________________ son exercice.

 N ______________________________ D ______________________________

© Copyright Plantyn - Reproduction interdite

REVISION DES 12 VERBES TYPES

Conjugue chaque verbe correctement.

A. 1	pouvoir	(ind. présent - 3 p.s.)	____________
2	chanter	(ind. futur simple - 2 p.s.)	____________
3	dire	(ind. imparfait - 1 p.p.)	____________
4	avoir	(ind. passé composé - 2 p.p.)	____________
5	mentir	(ind. futur proche - 2 p.s.)	____________
6	devenir	(ind. présent - 3 p.s.)	____________
7	faire	(imp. présent - 2 p.p.)	____________
8	être	(ind. futur simple - 1 p.s.)	____________
9	découper	(imp. présent - 1 p.p.)	____________
10	vendre	(ind. passé composé - 3 p.p.)	____________
B. 1	savoir	(ind. présent - 3 p.s.)	____________
2	venir	(ind. imparfait - 3 p.p.)	____________
3	siffler	(ind. passé composé - 2 p.s.)	____________
4	continuer	(ind. futur simple - 1 p.p.)	____________
5	sortir	(imp. présent - 2 p.s.)	____________
6	aller	(ind. futur proche - 1 p.p.)	____________
7	obtenir	(ind. imparfait - 3 p.p.)	____________
8	vider	(ind. futur simple - 2 p.s.)	____________
9	étudier	(ind. passé composé - 1 p.s.)	____________
10	être	(imp. présent - 1 p.p.)	____________
C. 1	manger	(ind. présent - 1 p.p.)	____________
2	avoir	(ind. imparfait - 3 p.s.)	____________
3	vouloir	(ind. futur simple - 1 p.p.)	____________
4	réciter	(imp. présent - 2 p.p.)	____________
5	partir	(ind. imparfait - 1 p.s.)	____________

 N ____________ D ____________

LE PARTICIPE PASSE

A. *Lis le texte et souligne les verbes conjugués.*

Le mois d'avril est arrivé. Les hirondelles sont revenues chez nous. Pour passer l'hiver, elles étaient parties en Afrique. Elles ont construit leur nid dans l'étable, elles l'ont cimenté contre le mur.

B. *Complète le cadre en observant les verbes que tu as soulignés.*

Les verbes que tu as soulignés sont conjugués à des temps ____________
La 1e partie **est l'auxiliaire** ____________ *ou* ____________. *La 2e partie est le* ____________ ____________ **du verbe que l'on conjugue.**

C. *Souligne tous les participes passés.*

Elle est partie à Namur. Denis est parti à moto. Les filles étaient parties en balade. Ils sont partis à Gand. Fabian a mangé des pralines, il les a mangées de bon cœur. Alice est tombée dans la cour. Benjamin était tombé dans le ruisseau. Ils sont tombés sur la glace. Les pommes sont tombées de l'arbre.

D. *Regarde attentivement les participes passés que tu viens de souligner. Que remarques-tu ?*

Le participe passé *ne prend pas toujours la même* ____________
Les 4 formes du participe passé sont: partie ____________ ____________
parti ____________ ____________
parties ____________ ____________
partis ____________ ____________

 N ____________ D ____________

© Copyright Plantyn - Reproduction interdite

LE PARTICIPE PASSE

A . Lis attentivement :

On trouve ***la lettre finale*** *du participe passé au masculin singulier en mettant celui-ci au* ***féminin****.*

Exemple : participe passé du verbe offrir :
Des cerises sont offer**t**es
Il a offer**t** un cadeau.

Masculin { *sing.* : offert ; *plur.* : offerts } *Féminin* { *sing.* : offerte ; *plur.* : offertes }

B . A toi : écris correctement chaque participe passé.

1 placer : La signalisation est ______________. Le pion est ______________.
2 écrire : La lettre est ______________. Il a ______________ le texte.
3 jeter : La balle est ______________. J'ai ______________ l'emballage.
4 manger : La tarte est ______________. Julie a ______________ des bonbons.
5 connaître : Son adresse est ______________. Ce livre est ______________.
6 partir : La voiture est ______________. Le camion est ______________.
7 offrir : La coupe est ______________. Elle a ______________ des fleurs.
8 recevoir : La présidente est ______________. Ce mot est ______________.
9 mettre : La table est ______________. As-tu ______________ du sel ?
10 lire : La revue est ______________. Paul a ______________ ce livre.
11 dire : La récitation est ______________. J'ai ______________ la vérité.
12 venir : Mon amie est ______________. Fabien est ______________ chez moi.
13 finir : La dictée est ______________. Tu as ______________ ton travail.
14 faire : La corvée est ______________. La tempête a ______________ des dégâts.
15 boire : La soupe est ______________ chaude. Tu as ______________ du vin.

 N ______________ D ______________

LE PARTICIPE PASSE

A. Ecris correctement les participes passés.

1 Elle a *(écrire)* ______________ un beau poème. **2** Tu as *(sonner)* ______________ à cette porte. **3** Vous aviez *(répandre)* ______________ à cette annonce. **4** On avait *(avertir)* ______________ les autres. **5** Grand-père a *(arroser)* ______________ les fleurs. **6** Ils ont *(entendre)* ______________ le coup de frein. **7** Ce congé est *(terminer)* ______________. **8** Béatrice a *(expédier)* ______________ ce colis par la poste. **9** Le chien ne m'a pas *(mordre)* ______________. **10** Nous avons *(vendre)* ______________ les chiots.

B. Orthographie correctement les participes passés.

ATTENTION: Avec l'auxiliaire être,
le participe passé s'accorde avec le sujet.

sujet m.s. ⟶ participe passé au ____ ____
sujet m.p. ⟶ participe passé au ____ ____
sujet f.s. ⟶ participe passé au ____ ____
sujet f.p. ⟶ participe passé au ____ ____

1 On parle à un garçon: Tu es *(revenir)* ______________.
On parle d'un garçon: Il est *(sortir)* ______________.

2 On parle à une fille: Tu es *(revenir)* ______________.
On parle d'une fille: Elle est *(sortir)* ______________.

3 On parle à plusieurs garçons: Vous êtes *(arriver)* ______________.
On parle de plusieurs garçons: Ils sont *(venir)* ______________.

4 On parle à plusieurs filles: Vous êtes *(partir)* ______________.
On parle de plusieurs filles: Elles sont *(passer)* ______________.

5 Les garçons disent: Nous sommes *(aller)* ______________ nager.
Les filles disent: Nous sommes *(placer)* ______________ au premier rang.

 N ______________ D ______________ [ ]

© Copyright Plantyn - Reproduction interdite

LE PARTICIPE PASSE

A. Orthographie correctement les participes passés.

barrer: La route est ________________. Les routes sont ________________.
Le chemin est ________________. Les chemins sont ________________.

arriver: Le train est ________________ à l'heure. La nuit est ________________.
Ces cartes sont ______________ de Grèce. Nos amis sont ______________.

suivre: Son conseil est ________________. Les traces sont ________________.
La piste est ________________. Les moutons sont ________________.

faire: La commission est ________________. Le lit est ________________.
Les chaussures sont ______________. Les devoirs sont ______________.

rendre: La monnaie est ____________. Le chemin est ____________ praticable.
Les marchandises sont ________________ à domicile.
Des services sont ________________.

B. Ecris les quatre formes pour chaque participe passé.

	Masculin		Féminin	
	Singulier	Pluriel	Singulier	Pluriel
avoir				
finir				
savoir				
mettre				
offrir				
dire				
vivre				
boire				
recevoir				
soigner				

C. Ecris l'infinitif des participes passés que voici.

1 voulu: ______________ **2** été: ______________ **3** transmises: ______________
4 venus: ______________ **5** allée: ______________ **6** lus: ______________
7 écrites: ______________ **8** tenu: ______________ **9** sali: ______________
10 parvenues: ______________.

 N ________________________ D ________________________

INDICATIF : PRESENT

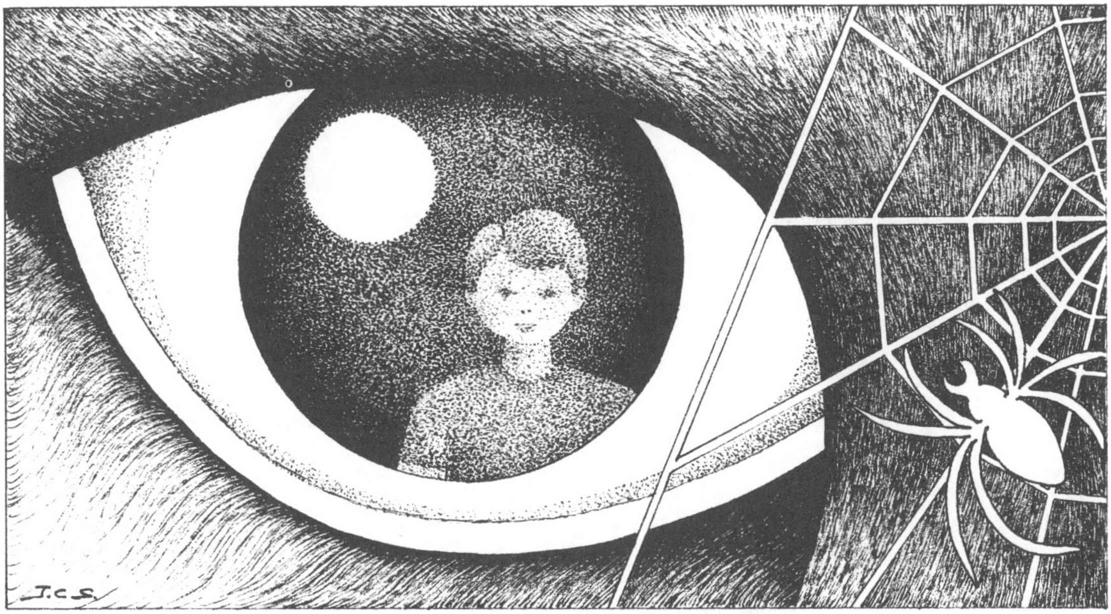

Lis attentivement le texte, souligne les verbes conjugués.

Maxime est dans le grenier, il y met encore du désordre ! Il aime fouiller dans les vieilles malles. Il a l'art de tout déranger.

— «Maxime, que fais-tu?» Mais Maxime ne répond pas.

— «Attention, un œil noir te regarde ; as-tu peur du méchant loup?»

— «Moi, je n'ai peur de rien, je peux te l'assurer.»

— «Vraiment Maxime, je pense que tu es un tantinet vantard ; tu veux jouer au petit malin.»

Cela fait maintenant plus d'une heure que Maxime est dans le grenier.

— «Bon Dieu, que se passe-t-il, je t'entends hurler !»

Quel spectacle dans le grenier ! Les yeux de Maxime sont pleins de larmes ; ils fixent l'horrible monstre... une petite araignée ! Pauvre garçon qui n'a peur de rien ! Vous riez? Vous dites que mon histoire vous amuse. Et pourtant nous sommes souvent pareils à Maxime, nous jouons aux héros ... mais ...

 N ______________________ D ______________________

© Copyright Plantyn - Reproduction interdite

INDICATIF : PRESENT

A. Complète en cherchant les verbes dans le texte p. 15.

B. Souligne la terminaison de chaque verbe.

C. Complète le tableau des terminaisons.

	terminaisons	
Je ______ que tu es un tantinet vantard. ——►	____	*je, j'*
Moi je n'______ peur de rien. ——►	____	
Je ______ te l'assurer. ——►	____	
Je t'______ hurler ! ——►	____	
Tu ______ jouer au petit malin. ——►	____	*tu*
______-tu peur du méchant loup ? ——►	____	
Il ______ fouiller dans les malles. ——►	____	*il, elle, on, nom sing.*
Il ______ l'art de tout déranger. ——►	____	
Il y ______ encore du désordre. ——►	____	
Mais Maxime ne ______ pas. ——►	____	
Nous ______ aux héros. ——►	____	*nous*
Nous ______ souvent pareils à Maxime. ——►	____	
Vous ______ ? ——►	____	*vous*
Vous ______ que mon histoire vous amuse. ——►	____	
Ils ______ l'horrible monstre. ——►	____	*ils, elles nom plur.*
Les yeux de Maxime ______ pleins de larmes. ——►	____	

D. Relie par une flèche la ou les bonnes solutions.

	• refait mon devoir		• tends l'oreille
	• dors profondément		• pense à toi
Je •	• viens avec toi	Elles •	• attendent le train
	• sait danser		• découvre la cachette
	• choisis ce pantalon		• tordent les draps

 N ______________________ D ______________________

INDICATIF : PRESENT

A. Utilise la personne qui convient :

je, j', tu, il, elle, on, nous, vous, ils, elles (tu dois les utiliser toutes.).

1 __________ met trop de sel. 2 __________ écris souvent à mon parrain. 3 Suivez-__________ le bon chemin? 4 En ce moment, __________ mangent dans le réfectoire. 5 __________ rends de nombreux services. 6 __________ lis des livres sur la vie des animaux. 7 __________ plaçons les bouteilles sur l'étagère. 8 __________ reçoivent des amis. 9 __________ vit sous terre et creuse de longues galeries. 10 __________ offre des fleurs à maman.

B. Conjugue à l'indicatif présent. *Attention à la terminaison.*

1 Il *(faire)* ______________ un temps superbe. 2 Les fruits mûrs *(tomber)* ______________ par grappes. 3 Nous *(promettre)* ______________ d'arriver à l'heure. 4 Elles *(pouvoir)* ______________ courir dans le pré. 5 Vous *(dire)* ______________ que l'arbitre a raison. 6 Les scouts *(dormir)* ______________ sous la tente. 7 Nous *(aller)* ______________ à Anvers. 8 Tu *(boire)* ______________ trop de limonade. 9 Fabien *(savoir)* ______________ raconter des histoires. 10 Je *(perdre)* ______________ la tête. 11 Tu *(répondre)* ______________ poliment. 12 Nous *(couvrir)* ______________ nos cahiers. 13 Frédéric *(ouvrir)* ______________ la fenêtre. 14 Vous *(finir)* ______________ votre dessin. 15 Je *(choisir)* ______________ ce livre.

C. Transforme chaque phrase à l'indicatif présent.

1 Je partais tôt le matin. ______________________________

2 Vous avez levé les bras. ______________________________

3 Il vivra comme un ermite. ______________________________

4 Elle dormait paisiblement. ______________________________

5 Nous avons offert des bonbons. ______________________________

 N ______________________ D ______________________

© Copyright Plantyn - Reproduction interdite

INDICATIF : PRESENT

A. Conjugue les verbes ( ) à l'indicatif présent.

Nous *(avoir)* __________ un jour de congé. Nous *(aller)* __________ au cinéma. On se *(mettre)* __________ d'accord et on *(choisir)* __________ d'assister à la projection d'un western. Le film *(ennuyer)* __________ Ariane et elle *(s'endormir)* __________, Paul et Benjamin *(bâiller)* __________ et moi, je *(garder)* __________ péniblement les yeux ouverts. Le film *(sembler)* __________ long tellement il *(être)* __________ ennuyeux !

B. Transforme chaque phrase à l'indicatif présent.

1 Notre voiture a franchi péniblement ce col.

____

2 Un énorme marronnier ombrageait la cour.

____

3 Il a vécu sur une île mystérieuse.

____

4 Nous boirons du chocolat chaud.

____

5 Tu as attendu tes copains et copines.

____

C. Relie par une flèche ce qui va ensemble.

Je •	• réussit tout.	On •	• vendez du poisson.
Tu •	• sommes contents.	Vous •	• sert le potage.
Nous •	• tends la main.	Elle •	• veulent dormir.
Elles •	• sens bon.	Ils •	• écris souvent.
Il •	• jettent les déchets.	J' •	• ne répond pas.

 N __________________ D __________________

INDICATIF : PRESENT

Complète les tableaux.

JETER	PLACER	MANGER
Je ______	Je ______	Je ______
Tu ______	Tu ______	Tu ______
Il ______	Il ______	Il ______
Nous ______	Nous ______	Nous ______
Vous ______	Vous ______	Vous ______
Ils ______	Ils ______	Ils ______

PARTIR	RECEVOIR	SUIVRE
Je ______	Je ______	Je ______
Tu ______	Tu ______	Tu ______
Il ______	Il ______	Il ______
Nous ______	Nous ______	Nous ______
Vous ______	Vous ______	Vous ______
Ils ______	Ils ______	Ils ______

RENDRE	METTRE	DORMIR
Je ______	Je ______	Je ______
Tu ______	Tu ______	Tu ______
Il ______	Il ______	Il ______
Nous ______	Nous ______	Nous ______
Vous ______	Vous ______	Vous ______
Ils ______	Ils ______	Ils ______

 N ______ D ______

© Copyright Plantyn - Reproduction interdite

INDICATIF : PRESENT

Conjugue chaque verbe au présent de l'indicatif.

1 Chaque jour, notre poule *(pondre)* ________________ un œuf. **2** Il *(dormir)* ________________ à côté de son lit. **3** Vous *(placer)* ________________ le banc devant la fenêtre. **4** Tu *(mettre)* ________________ de l'ordre dans ton banc. **5** Elle *(vendre)* ________________ des bonbons. **6** Ils *(suivre)* ________________ le déroulement du match. **7** Sans difficulté, la grue *(soulever)* ________________ les matériaux. **8** J'*(offrir)* ________________ une tasse de café. **9** On *(partir)* ________________ cette semaine. **10** Nous *(manger)* ________________ de bon appétit. **11** Elle *(jeter)* ________________ les pelures dans la poubelle. **12** Ces animaux *(vivre)* ________________ dans une réserve naturelle. **13** Je *(rendre)* ________________ souvent visite à mes grands-parents. **14** Nous *(boire)* ________________ de l'eau minérale. **15** Tu *(pouvoir)* ________________ nous accompagner. **16** *(venir)* ________________-elle avec nous? **17** *(dire)* ________________-vous la vérité? **18** Ils *(avoir)* ________________ la chance de partir en voyage. **19** Nous *(savoir)* ________________ le néerlandais. **20** Stéphanie *(être)* ________________ de mauvaise humeur. **21** Tu *(tenir)* ________________ cet objet à l'envers. **22** Benjamin *(fondre)* ________________ en larmes. **23** Vous ne *(faire)* ________________ pas attention. **24** Julie *(devenir)* ________________ toute rouge. **25** Le cheval *(franchir)* ________________ tous les obstacles sans commettre de fautes. **26** Tu *(répondre)* ________________ que je ne suis pas là. **27** Je *(remettre)* ________________ de l'ordre dans ma chambre. **28** Pierre *(regarder)* ________________ l'agitation des fourmis. **29** Nous *(entendre)* ________________ du bruit dans la rue. **30** Le boulanger *(pétrir)* ________________ la pâte. **31** Ce chien est méchant, il *(mordre)* ________________. **32** Vous *(finir)* ________________ votre devoir. **33** Une fumée épaisse *(sortir)* ________________ de la cheminée. **34** L'ébéniste *(polir)* ________________ le meuble. **35** Je *(être)* ________________ content d'avoir terminé cet exercice!

 N ________________ D ________________

INDICATIF : IMPARFAIT

A. Conjugue les verbes entre (   ) à l'indicatif imparfait.

LE PETIT PONT DE BOIS

Tu te souviens du pont qu'on *(traverser)* ____________ naguère pour passer la rivière tout près de la maison. Le petit pont de bois qui ne *(tenir)* ____________ plus guère que par un grand mystère et deux piquets tout droits...

(Yves Duteil)

Nous *(chanter)* ____________ cette jolie chanson quand nous *(partir)* ____________ en balade à travers champs et quand nous aussi, nous *(rencontrer)* ____________ un petit pont de bois.

B. Relie ce qui va ensemble.

Je •	• avais
Vous •	• mettaient
Elles •	• recevais
J' •	• couvrais
Tu •	• rendiez

C. Complète le tableau des terminaisons de l'imparfait.

je, j' ⟶	______	***nous*** ⟶	______
tu ⟶	______	***vous*** ⟶	______
il, elle, on, nom au singulier		⟶	______
ils, elles, nom au pluriel		⟶	______

D. Conjugue à l'imparfait.

On *(boire)* ____________. Je *(perdre)* ____________. Vous *(finir)* ____________. Ils *(suivre)* ____________. J'*(aller)* ____________.

 N ____________ D ____________ ☐

© Copyright Plantyn - Reproduction interdite

INDICATIF : IMPARFAIT

A. Conjugue et recopie chaque phrase à l'imparfait.

1 Peut-il se rendre au stade à vélo?

____

2 Nous ne dormirons pas sous la tente.

____

3 Ils ne veulent pas participer à cette marche.

____

4 Ne manges-tu pas dans ce restaurant?

____

5 Mettent-elles toutes les chances de leur côté?

____

B. Peux-tu utiliser l'indicatif imparfait? *Si oui, conjugue le verbe.*

1 La semaine passée, Bénédicte *(faire)* ______________ équipe avec Sabine.
2 Dans trois ans, tu *(aller)* ______________ dans une école secondaire.
3 Maintenant, les enfants *(mettre)* ______________ les mains sur la tête.
4 L'été passé, nous *(camper)* ______________ à Florenville.
5 Quand j'étais petit, j'*(habiter)* ______________ à Spa.

C. Relie par une flèche la ou les bonnes solutions conjuguées à l'imparfait.

Tu •	• es sur la lune. • attendais le train. • étais malade.	Il •	• sautait de joie. • mangeait du fromage. • portait ta valise.
Je •	• devenait tout rouge. • retenais mes larmes. • descendaient du grenier.	Vous •	• lirez ce livre. • suivrez ce chemin. • vouliez danser.
Nous •	• répondons au téléphone. • tondions la pelouse • partiront en balade.	Elles •	• mentais souvent. • avaient la frousse. • allaient en ville.

 N ______________ D ______________ [ ]

INDICATIF : IMPARFAIT

A. *Complète le texte à l'aide de ces verbes conjugués à l'imparfait.*
percer, soulever, pouvoir, ruisseler, trembler, se blottir, attendre, gronder, secouer, illuminer.
(Tu dois utiliser tous ces verbes et les placer au bon endroit.)

L'ORAGE

Il tonna toute la nuit. Le tonnerre ________________. Les éclairs ________________ les nuages et ________________ le paysage. La maison ________________. Le vent ________________ les arbres et ________________ les ardoises du toit. La pluie ________________ sur les vitres de ma chambre. Moi dans mon lit, je ne ________________ pas dormir. Je me ________________ sous les draps et j'________________ la fin du cauchemar... Je n'aime pas les orages !

B. *Transforme chaque phrase.*

1 Tu mangeais de bon appétit. Nous ________________

Il ________________. Elles ________________

2 Françoise plaçait les livres sur l'étagère.

Vous ________________

Ils ________________

 N ________________ D ________________

© Copyright Plantyn - Reproduction interdite

INDICATIF : IMPARFAIT

Complète les tableaux.

PLACER

Je ____________
Tu ____________
Il ____________
Nous ____________
Vous ____________
Ils ____________

MANGER

Je ____________
Tu ____________
Il ____________
Nous ____________
Vous ____________
Ils ____________

LIRE

Je ____________
Tu ____________
Il ____________
Nous ____________
Vous ____________
Ils ____________

BOIRE

Je ____________
Tu ____________
Il ____________
Nous ____________
Vous ____________
Ils ____________

JETER

Je ____________
Tu ____________
Il ____________
Nous ____________
Vous ____________
Ils ____________

OFFRIR

J' ____________
Tu ____________
Il ____________
Nous ____________
Vous ____________
Ils ____________

METTRE

Je ____________
Tu ____________
Il ____________
Nous ____________
Vous ____________
Ils ____________

SUIVRE

Je ____________
Tu ____________
Il ____________
Nous ____________
Vous ____________
Ils ____________

ECRIRE

J' ____________
Tu ____________
Il ____________
Nous ____________
Vous ____________
Ils ____________

 N ____________ D ____________

INDICATIF : FUTUR SIMPLE

A. Conjugue les verbes ( ) au futur simple.

Le mois de juillet *(être)* __________ bientôt là. Comme chaque année, j'*(aller)* __________ en vacances à la ferme. Je *(retrouver)* __________ mes cousins et cousines et ensemble nous *(passer)* __________ des journées formidables. Le matin, ma tante nous *(servir)* __________ un bon déjeuner et nous *(boire)* __________ un grand bol de lait. Nous *(commencer)* __________ la journée par nourrir les poules et puis nous *(aider)* __________ oncle Clément à soigner les petits veaux. J'oublie de vous parler de Pady, le cheval. C'est l'animal de la ferme que je préfère. Je lui *(mettre)* __________ sa selle et il me *(promener)* __________ dans le pré.

B. Complète le tableau des terminaisons du futur simple.

je, j'	→	______	*nous*	→	______
tu	→	______	*vous*	→	______
il, elle, on, nom au singulier				→	______
ils, elles, nom au pluriel				→	______

 N __________________________ D __________________________

© Copyright Plantyn - Reproduction interdite

INDICATIF : FUTUR SIMPLE

A. Conjugue chaque phrase au futur simple.

1 Retourne-t-il en voiture avec le père de Charles?

____

2 Vous ne mettez pas les habits dans ce sac.

____

3 Ils partent en excursion visiter Bruges.

____

4 Ne lui offres-tu pas un cadeau pour sa fête?

____

5 Suivons-nous le même itinéraire que les autres?

____

B. Conjugue au futur simple.
Choisis la bonne terminaison: rai, ras, ra, rons, rez, ront.

1 Elle se *(lever)* ______________ de bonne heure. **2** Vous *(dormir)* ______________ dans ce refuge de montagne. **3** *(servir)* ______________ -tu un dessert après le repas? **4** *(lire)* ______________-nous ces livres pendant les vacances? **5** On *(placer)* ______________ les objets fragiles dans cette caisse. **6** Les enfants *(mettre)* ______________ des bottes pour faire cette promenade. **7** Elle *(partir)* ______________ avant toi. **8** Je lui *(rendre)* ______________ ce service pour lui faire plaisir. **9** Il *(manger)* ______________ de bon appétit. **10** Vous *(vivre)* ______________ des événements inoubliables.

C. Peux-tu utiliser l'indicatif futur simple? Si oui, conjugue le verbe.

1 Demain, ce camion *(transporter)* ______________ ces arbres à la scierie. **2** Hier, tu *(suivre)* ______________ notre jeu de piste. **3** *(venir)* ______________ -t-il nous rendre visite cette semaine? **4** Je ne *(être)* ______________ pas présent à ce match. **5** Nous l'*(avoir)* ______________ avec nous dimanche passé.

 N ______________ D ______________

INDICATIF : FUTUR SIMPLE

A. Ecris les verbes en italique au futur simple.

ALAIN ET ALINE

Dès que le soleil ***brille*** (________________) Aline ***saute*** (________________) du lit, ***se lave*** (________________) le bout du nez dans une cuvette d'eau glacée, ***met*** (________________) sa jupe bleue, ***peigne*** (________________) ses cheveux. Et, en route !

Dans le jardin, son frère Alain l'***attend*** (________________) en admirant les roses qui cette nuit sont écloses. L'arbre séculaire ***salue*** (________________) les monts verts. Quelle belle journée ! Alain et Aline ***se donnent*** (________________ ________________) la main, ***se promènent*** (________________) dans les prés, ***cueillent*** (________________) des bleuets, ***regardent*** (________________) les perles de rosée, ***respirent*** (________________) l'air embaumé. Vive la campagne de bon matin !

Avant d'aller dormir. Chantecler.

B. Conjugue au futur simple.

savoir 1 p.p. ________________

aller 2 p.s. ________________

servir 3 p.p. ________________

venir 2 p.p. ________________

rendre 3 p.s. ________________

vivre 1 p.s. ________________

mettre 1 p.p. ________________

faire 2 p.s. ________________

pouvoir 3 p.s. ________________

suivre 2 p.p. ________________

 N ________________ D ________________

© Copyright Plantyn - Reproduction interdite

INDICATIF : FUTUR SIMPLE

Complète les tableaux.

LEVER	SUIVRE	RECEVOIR
Je ______	Je ______	Je ______
Tu ______	Tu ______	Tu ______
Il ______	Il ______	Il ______
Nous ______	Nous ______	Nous ______
Vous ______	Vous ______	Vous ______
Ils ______	Ils ______	Ils ______

JETER	RENDRE	VIVRE
Je ______	Je ______	Je ______
Tu ______	Tu ______	Tu ______
Il ______	Il ______	Il ______
Nous ______	Nous ______	Nous ______
Vous ______	Vous ______	Vous ______
Ils ______	Ils ______	Ils ______

SERVIR	DORMIR	BOIRE
Je ______	Je ______	Je ______
Tu ______	Tu ______	Tu ______
Il ______	Il ______	Il ______
Nous ______	Nous ______	Nous ______
Vous ______	Vous ______	Vous ______
Ils ______	Ils ______	Ils ______

 N ______ D ______

INDICATIF: FUTUR PROCHE

A. Complète le tableau.

Le futur proche *sert à exprimer une action qui se passera dans peu de temps. On utilise le verbe __________ conjugué au présent de l'indicatif suivi d'un verbe à ______________.*

B. Conjugue les verbes ( ) au futur proche.

Les feuilles *(tomber)* __________. L'hiver *(arriver)* ______________ bientôt. L'écureuil *(faire)* ________ ______________ ses provisions. Il *(rassembler)* ______________ des noix, des noisettes, des baies... L'écureuil *(enfouir)* ____________ _______ses réserves dans le sol, il faut être prudent, gare aux voleurs!

C. Transforme chaque phrase au futur proche.

1 Sophie et moi, nous partirons en Angleterre.

____

2 Tu écouteras les informations à la radio.

____

3 La pollution détruira notre environnement.

____

4 Je vivrai dans un pays lointain.

____

5 Vous suivrez ce chemin de terre.

____

 N _____________________________ D _____________________________

© Copyright Plantyn - Reproduction interdite

INDICATIF : PASSE COMPOSE

A. Lis le texte, souligne les verbes conjugués au passé composé.

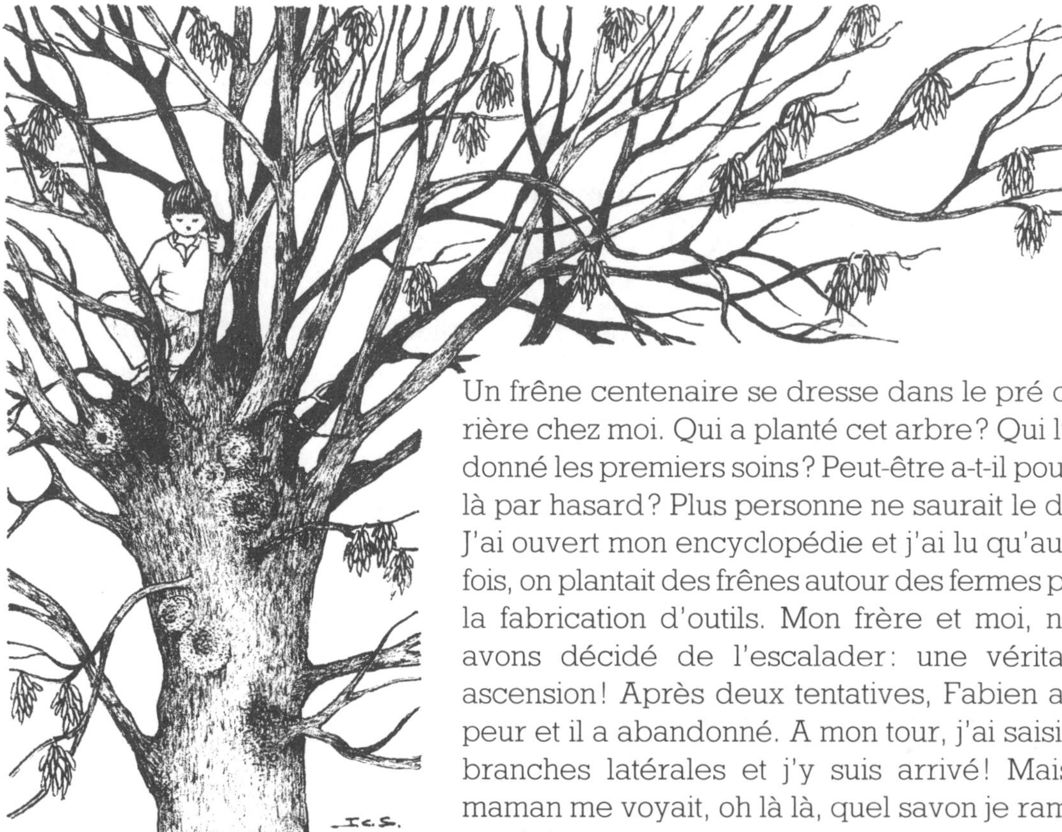

Un frêne centenaire se dresse dans le pré derrière chez moi. Qui a planté cet arbre ? Qui lui a donné les premiers soins ? Peut-être a-t-il poussé là par hasard ? Plus personne ne saurait le dire. J'ai ouvert mon encyclopédie et j'ai lu qu'autrefois, on plantait des frênes autour des fermes pour la fabrication d'outils. Mon frère et moi, nous avons décidé de l'escalader : une véritable ascension ! Après deux tentatives, Fabien a eu peur et il a abandonné. A mon tour, j'ai saisi les branches latérales et j'y suis arrivé ! Mais si maman me voyait, oh là là, quel savon je ramasserais !

B. Complète le tableau.

Au passé composé, *le verbe se conjugue en ________ mots.*

Le premier mot est l'auxiliaire ____________ ou l'auxiliaire ____________

conjugué au ______________.

Le deuxième mot est le ______________________ du verbe que l'on conjugue.

 N ____________________________ D ____________________________

INDICATIF : PASSE COMPOSE

A. Conjugue les verbes ( ) au passé composé.

1 Tu lui *(offrir)* ____________________ ce cadeau pour son anniversaire. 2 Nous *(recevoir)* ____________________ nos feuilles de contrôle. 3 *(décider)* __________ -vous __________ de les accompagner ? 4 On *(mettre)* ____________________ l'escabelle dans la cave. 5 Il n'*(dormir)* ______ pas __________ à la maison cette semaine. 6 *(manger)* __________ -ils __________ avant de partir ? 7 Elle *(placer)* ____________________ tous les dominos sur la table. 8 Je n'*(lire)* ______ pas ______ ton livre. 9 Les garçons *(partir)* ____________________ tôt ce matin, 10 Est-ce que Thierry *(rendre)* ____________________ son travail à temps ?

B. Entoure l'auxiliaire que tu dois utiliser pour conjuguer ces verbes au passé composé.

offrir	→ avoir - être	tomber	→ avoir - être
vivre	→ avoir - être	recevoir	→ avoir - être
arriver	→ avoir - être	manger	→ avoir - être
repartir	→ avoir - être	parvenir	→ avoir - être
finir	→ avoir - être	tenir	→ avoir - être

C. Relie par une flèche la ou les bonnes solutions.

J' •	• ai rendu mon devoir. • avez déplacé l'armoire. • ai bien mangé.	Nous •	• ont servi. • sommes repartis. • avez suivi.
Elles •	• a lu le texte. • avait levé le doigt. • ont transmis le message.	Tu •	• as offert ton aide. • a su le voir. • est arrivé trop tard.
Il •	• a répondu poliment. • est parvenu au sommet. • a entretenu le jardin,	Vous •	• avons menti. • avez répandu la nouvelle. • l'avez défendu.

 N ____________________ D ____________________

© Copyright Plantyn - Reproduction interdite

INDICATIF : PASSE COMPOSE

A. Ecris les verbes en italique au passé composé.

Le cirque ***dresse*** (____________________) son chapiteau. Nous ***allons*** (____________________) voir le spectacle. Les clowns ***font*** (____________________) rire les enfants ; leur maquillage ***étonne*** (____________________) les plus petits. Quand ***arrive*** (____________________) le tour des trapézistes, tout le monde ***retient*** (____________________) son souffle, quelle agilité ! Ensuite, on ***monte*** (____________________) la cage pour le numéro des fauves. Je ***sens*** (____________________) mon cœur battre un peu plus vite. Le dompteur ***présente*** (____________________) trois superbes lions. Ceux-ci ***répondent*** (____________________) aux applaudissements du public par d'énormes rugissements.

B. Transforme chaque phrase.

J'ai mis les couverts. Elles ________________________________.

Nous ________________________. Tu ________________________.

Fabienne est partie au conservatoire de musique.

Vous ____.

Je ____.

C. Conjugue au passé composé.

Lever *1 p.s.* ____________________

Avoir *1 p.p.* ____________________

Jeter *2 p.s.* ____________________

Etre *2 p.p.* ____________________

Placer *3 p.s.* ____________________

Aller *3 p.p.* ____________________

Manger *1 p.s.* ____________________

Finir *3 p.p.* ____________________

Venir *3 p.s.* ____________________

Dormir *1 p.p.* ____________________

Faire *3 p.p.* ____________________

Offrir *2 p.s.* ____________________

Savoir *1 p.p.* ____________________

Recevoir *2 p.s.* ____________________

Vouloir *1 p.s.* ____________________

 N ____________________ D ____________________

INDICATIF : PASSE COMPOSE

Complète les tableaux.

LEVER

J' ______
Tu ______
Il ______
Nous ______
Vous ______
Ils ______

PARTIR

Je ______
Tu ______
Il ______
Nous ______
Vous ______
Ils ______

OFFRIR

J' ______
Tu ______
Il ______
Nous ______
Vous ______
Ils ______

RECEVOIR

J' ______
Tu ______
Il ______
Nous ______
Vous ______
Ils ______

METTRE

J' ______
Tu ______
Il ______
Nous ______
Vous ______
Ils ______

LIRE

J' ______
Tu ______
Il ______
Nous ______
Vous ______
Ils ______

VIVRE

J' ______
Tu ______
Il ______
Nous ______
Vous ______
Ils ______

DORMIR

J' ______
Tu ______
Il ______
Nous ______
Vous ______
Ils ______

SUIVRE

J' ______
Tu ______
Il ______
Nous ______
Vous ______
Ils ______

 N ______ D ______

© Copyright Plantyn - Reproduction interdite

IMPERATIF : PRESENT

A. Lis le texte et souligne les verbes conjugués à l'impératif présent.

LA PRIERE DU CHAT

«J'ai besoin de ma liberté, ne m'enchaîne pas à tes pieds.»
«Mes pensées sont secrètes, ne cherche pas à les deviner.»
«J'aime être respecté, donc ne me caresse pas contre mon gré.»
«Je perdrais de ma dignité si tu me traites en pantin désarticulé.»
«C'est avec joie que je reviendrai à la place que tu me réserves sous ton toit.»
«Je te donnerai toute mon amitié, mais aime-moi de tout ton cœur.»

a. van mieghem

B. Observe attentivement les phrases où le verbe est conjugué à l'impératif présent.

*Tu remarques que **l'impératif présent** est utilisé pour donner*

______________________, ______________________.

C. Donne les ordres ou conseils suivants.

1 Lire un livre. (2 p.s.) ______________________

2 Suivre le bon exemple. (1 p.p.) ______________________

3 Ne pas partir maintenant. (2 p.p.) ______________________

4 Placer les pions sur l'échiquier. (1 p.p.) ______________________

5 Ne pas boire cette eau. (2 p.s.) ______________________

6 Tenir bon pour l'équipe. (2 p.p.) ______________________

7 Lever le doigt. (1 p.p.) ______________________

8 Ne pas lever la main. (2 p.s.) ______________________

9 Savoir répondre aux questions. (1 p.p.) ______________________

10 Aller là-bas. (2 p.s.) ______________________

 N ______________________ D ______________________

IMPERATIF PRESENT

Complète les tableaux.

LEVER	JETER	PLACER

MANGER	PARTIR	DORMIR

SERVIR	SUIVRE	OFFRIR

RECEVOIR	RENDRE	METTRE

LIRE	ECRIRE	BOIRE

 N ______________________ D ______________________

© Copyright Plantyn - Reproduction interdite

CONDITIONNEL PRESENT

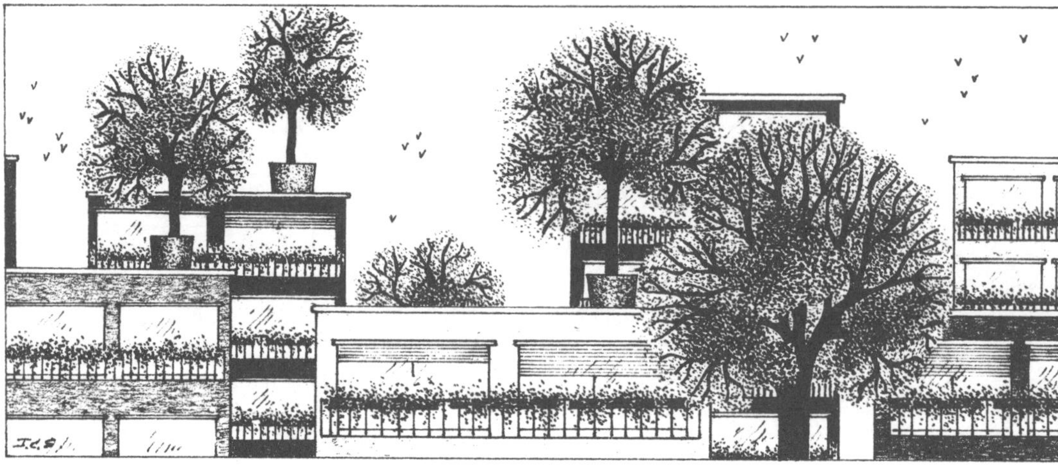

A. Lis attentivement le texte.

Si j'étais une fée, je transformerais ma ville en un grand jardin, je planterais des arbres partout.
Si j'étais une fée, j'accrocherais des jardinières à chaque balcon.
Si j'étais une fée, elle serait jolie ma ville toute verte et fleurie, elle respirerait le bonheur !

B. Complète en cherchant les verbes dans le texte.

- je ______________________ ma ville en un jardin.
- je ______________________ des arbres partout.

Si j'étais une fée, - j' ______________________ des jardinières aux balcons.

- elle ______________________ jolie ma ville.
- elle ______________________ le bonheur !

C. Complète le tableau.

On utilise **le conditionnel présent** *pour exprimer un fait, un événement dont on n'est pas certain parce qu'il dépend d'* ______________________ ______________________. *Cette condition est conjuguée à l'indicatif imparfait.*

 N ______________________ D ______________________

CONDITIONNEL PRESENT

A. Lis attentivement toutes ces phrases.

1 Demain, je **jouerai** au football. 2 Nous **mettions** les fleurs dans des vases. 3 Si tu le pouvais, tu **viendrais** en vacances avec nous. 4 Vous **répondrez** à ces annonces. 5 Il **recevra** la coupe du vainqueur. 6 Les scouts, ils **dormaient** dans le foin. 7 Mardi passé, je **jouais** au football. 8 Si nous avions le temps, nous **mettrions** de l'ordre. 9 Si Philippe gagnait la course, il **recevrait** une superbe coupe. 10 Il **recevait** la coupe des mains du président. 11 Vous **répondiez** gentiment à leurs questions. 12 Si j'étais en forme, je **jouerais** au football. 13 Tu **viendras** en vacances avec nous. 14 Ils **dormiront** dans la grange. 15 Si vous étiez d'accord, vous **répondriez** «oui». 16 Quand tu étais petit, tu **venais** en vacances avec nous. 17 Nous **mettrons** le couvert. 18 S'il faisait très chaud, ils **dormiraient** au clair de lune.

B. Classe les verbes (en caractères gras) dans la bonne colonne.

ind. futur simple	ind. imparfait	conditionnel présent
je ______	je ______	je ______
tu ______	tu ______	tu ______
il ______	il ______	il ______
ns ______	ns ______	ns ______
vs ______	vs ______	vs ______
ils ______	ils ______	ils ______

C. Observe les terminaisons des verbes que tu viens d'écrire. Que remarques-tu ? Complète le tableau.

1 ***Le conditionnel présent*** *est formé avec le même radical que ______________________. 2* ***Les terminaisons du conditionnel présent*** *sont les mêmes que celles de ______________________.*

Terminaisons cond. prés. : **je** ➡ ______, **tu** ➡ ______, **il** ➡ ______,
nous ➡ ______, **vous** ➡ ______, **ils** ➡ ______.

 N ______________________ D ______________________

© Copyright Plantyn - Reproduction interdite

CONDITIONNEL PRESENT

A. Utilise la personne qui convient: *je - j' - tu - il - elle - on - nous - vous - ils - elles (tu dois les utiliser toutes)*

1 Si le temps était beau, ________ irait chez toi à vélo. **2** Si le directeur s'absentait, ________ prendrais la direction de l'usine. **3** Si c'était possible, ________ aimeriez participer à ce spectacle. **4** Si les filles avaient leurs gouaches, ________ dessineraient. **5** Décorerait-________ la salle pour cette fête si on le lui demandait? **6** Si la porte d'entrée était fermée, ________ entrerais par le garage. **7** Si l'école était d'accord, ________ partirions en classe de neige. **8** ________ serais content si tu venais me dire bonjour. **9** Si la route était barrée, ________ prendrait ce chemin de campagne. **10** S'il pleuvait, partiraient-________ en balade?

B. Relie par une flèche la ou les solutions conjuguées au cond. présent.

	• vidais la poubelle.		• transformiez le plan.
Tu •	• videras la poubelle.	Vous •	• transformeriez le plan.
	• viderais la poubelle.		• transformerez le plan.

	• quitterais ma place.		• auront le temps.
Je •	• rejoindrai mes amis.	Ils •	• auraient de la chance.
	• sifflerais cet air.		• avaient du retard.

C. Conjugue les verbes ( ) au conditionnel présent.

1 Si..., je t'*(offrir)* ____________ des bonbons. **2** Si..., il *(dormir)* ____________ là, tout de suite. **3** Si..., nous lui *(écrire)* ____________. **4** Si..., ils *(boire)* ____________ du potage. **5** Si..., vous *(suivre)* ____________ cette route. **6** Si..., tu *(aller)* ____________ te promener. **7** Si..., on *(mettre)* ____________ les petits plats dans les grands. **8** Si ..., j'*(inviter)* ____________ tous mes copains. **9** Si..., elles *(faire)* ____________ une surprise. **10** Si..., elle *(être)* ____________ contente de t'accompagner.

 N ________________ D ________________

CONDITIONNEL PRESENT

A. Invente une histoire. Les verbes seront conjugués au cond. présent.

Si j'avais une baguette magique, ______________________

B. Relie par une flèche ce qui va ensemble.

Je •	• vendrions.	On •	• entendraient.
Tu •	• écouteraient.	Vous •	• pendrait.
Nous •	• transmettrais.	Elle •	• marcherait.
Elles •	• parlerait.	Ils •	• sortiriez.
Il •	• partirais.	J' •	• ouvrirais.

C. Transforme chaque phrase. (Si...,)

je regarderais le film. Elles ______________________.

Nous ______________________. Tu ______________________.

Claire mettrait les livres dans son banc.

Vous ______________________.

Je ______________________.

 N ______________________ D ______________________

© Copyright Plantyn - Reproduction interdite

CONDITIONNEL PRESENT

Complète les tableaux.

LEVER

Je ______________________
Tu ______________________
Il ______________________
Ns ______________________
Vs ______________________
Ils ______________________

JETER

Je ______________________
Tu ______________________
Il ______________________
Ns ______________________
Vs ______________________
Ils ______________________

SUIVRE

Je ______________________
Tu ______________________
Il ______________________
Ns ______________________
Vs ______________________
Ils ______________________

MANGER

Je ______________________
Tu ______________________
Il ______________________
Ns ______________________
Vs ______________________
Ils ______________________

VENIR

Je ______________________
Tu ______________________
Il ______________________
Ns ______________________
Vs ______________________
Ils ______________________

VOULOIR

Je ______________________
Tu ______________________
Il ______________________
Ns ______________________
Vs ______________________
Ils ______________________

FAIRE

Je ______________________
Tu ______________________
Il ______________________
Ns ______________________
Vs ______________________
Ils ______________________

RENDRE

Je ______________________
Tu ______________________
Il ______________________
Ns ______________________
Vs ______________________
Ils ______________________

SAVOIR

Je ______________________
Tu ______________________
Il ______________________
Ns ______________________
Vs ______________________
Ils ______________________

 N ______________________ D ______________________

CONDITIONNEL PRESENT

A. Conjugue au conditionnel présent.

lire *2 p.s.* ____________ écrire *3 p.p.* ____________

manifester *1 p.p.* ____________ obtenir *2 p.s.* ____________

inscrire *1 p.s.* ____________ survivre *3 p.p.* ____________

revenir *3 p.s.* ____________ souligner *1 p.s.* ____________

transmettre *3 p.p.* ____________ retenir *2 p.p.* ____________

B. Conjugue les verbes ( ) au conditionnel présent.

1 Tu y *(arriver)* ____________ si tu prenais le temps. **2** Si les organisateurs se mettaient d'accord, la course *(avoir)* ____________ lieu en avril prochain. **3** Si elles se sentaient prêtes, *(participer)* ____________ -elles à ce tournoi de natation? **4** Si tu la rencontrais, tu *(changer)* ____________ d'avis. **5** Tu *(réussir)* ____________ si tu voulais faire un effort. **6** Si vous nous aidiez, nous *(parvenir)* ____________ à terminer ce travail. **7** Si on avait des planches et des clous, on *(construire)* ____________ une caisse à savons. **8** Si tu voulais m'offrir un cadeau, je *(vouloir)* ____________ un clapier pour mes lapins. **9** Elle *(faire)* ____________ partie de notre chorale si elle habitait notre village. **10** Pierre et Françoise *(remettre)* ____________ plus facilement de l'ordre dans le local si vous leur donniez un coup de main. **11** Jean-François *(dormir)* ____________ mieux si on baissait le son du téléviseur. **12** Si vous m'expliquiez le jeu, je *(savoir)* ____________ jouer avec vous. **13** Si tu le regardais droit dans les yeux, il *(devenir)* ____________ tout rouge! **14** Si nous avions des sous, nous *(faire)* ____________ le tour du monde. **15** Si je caressais ton chien, me *(mordre)* ____________ -il? **16** Si le temps était beau, il *(bêcher)* ____________ le jardin. **17** S'il neigeait, vous *(aller)* ____________ skier. **18** Si on partait à la mer, les enfants *(être)* ____________ contents. **19** Si..., ils *(siffler)* ____________ **20** Si..., j' *(arriver)* ____________ trop tard.

 N ____________ D ____________

© Copyright Plantyn - Reproduction interdite

CONDITIONNEL PRESENT - PARTICIPE PASSE

Complète les tableaux.

CONDITIONNEL PRESENT

AVOIR

J' ____________
Tu ____________
Il ____________
Ns ____________
Vs ____________
Ils ____________

ETRE

Je ____________
Tu ____________
Il ____________
Ns ____________
Vs ____________
Ils ____________

MARCHER

Je ____________
Tu ____________
Il ____________
Ns ____________
Vs ____________
Ils ____________

FINIR

Je ____________
Tu ____________
Il ____________
Ns ____________
Vs ____________
Ils ____________

PARTICIPE PASSE

MARCHER

____
____
____
____

PARTICIPE PASSE

AVOIR

____
____
____
____

ETRE

____

FINIR

____
____
____
____

CONDITIONNEL PRESENT - PARTICIPE PASSE

Complète les tableaux.

CONDITIONNEL PRESENT

ALLER	DIRE
J' ______	Je ______
Tu ______	Tu ______
Il ______	Il ______
Ns ______	Ns ______
Vs ______	Vs ______
Ils ______	Ils ______

VENIR	TENIR
Je ______	Je ______
Tu ______	Tu ______
Il ______	Il ______
Ns ______	Ns ______
Vs ______	Vs ______
Ils ______	Ils ______

PARTICIPE PASSE

ALLER

______
______
______
______

PARTICIPE PASSE

DIRE	VENIR	TENIR
______	______	______
______	______	______
______	______	______
______	______	______

 N ______ D ______

© Copyright Plantyn - Reproduction interdite

CONDITIONNEL PRESENT - PARTICIPE PASSE

Complète les tableaux.

CONDITIONNEL PRESENT

FAIRE

Je	______
Tu	______
Il	______
Ns	______
Vs	______
Ils	______

SAVOIR

Je	______
Tu	______
Il	______
Ns	______
Vs	______
Ils	______

POUVOIR

Je	______
Tu	______
Il	______
Ns	______
Vs	______
Ils	______

VOULOIR

Je	______
Tu	______
Il	______
Ns	______
Vs	______
Ils	______

PARTICIPE PASSE

FAIRE

______

______

______

______

PARTICIPE PASSE

SAVOIR

______

______

______

______

POUVOIR

______

______

______

______

VOULOIR

______

______

______

______

 N ______ D ______

SYNTHESE : LEVER

Complète les tableaux.

INDICATIF

PRESENT

Je ____________

Tu ____________

Il ____________

Ns ____________

Vs ____________

Ils ____________

IMPARFAIT

Je ____________

Tu ____________

Il ____________

Ns ____________

Vs ____________

Ils ____________

FUTUR SIMPLE

Je ____________

Tu ____________

Il ____________

Ns ____________

Vs ____________

Ils ____________

PASSE COMPOSE

J' ____________

Tu ____________

Il ____________

Ns ____________

Vs ____________

Ils ____________

FUTUR PROCHE

Je ____________

Tu ____________

Il ____________

Ns ____________

Vs ____________

Ils ____________

CONDITIONNEL

PRESENT

Je ____________

Tu ____________

Il ____________

Ns ____________

Vs ____________

Ils ____________

IMPERATIF

PRESENT

- ____________
- ____________
- ____________

PARTICIPE

PASSE

m.s. ____________

m.p. ____________

f.s. ____________

f.p. ____________

 N ____________ D ____________

© Copyright Plantyn - Reproduction interdite

SYNTHESE : JETER

Complète les tableaux.

INDICATIF

PRESENT

Je ______
Tu ______
Il ______
Ns ______
Vs ______
Ils ______

IMPARFAIT

Je ______
Tu ______
Il ______
Ns ______
Vs ______
Ils ______

FUTUR SIMPLE

Je ______
Tu ______
Il ______
Ns ______
Vs ______
Ils ______

PASSE COMPOSE

J' ______
Tu ______
Il ______
Ns ______
Vs ______
Ils ______

FUTUR PROCHE

Je ______
Tu ______
Il ______
Ns ______
Vs ______
Ils ______

CONDITIONNEL

PRESENT

Je ______
Tu ______
Il ______
Ns ______
Vs ______
Ils ______

IMPERATIF

PRESENT

- ______
- ______
- ______

PARTICIPE

PASSE

m.s. ______
m.p. ______
f.s. ______
f.p. ______

 N ______ D ______

SYNTHESE : PLACER

Complète les tableaux.

INDICATIF

PRESENT

Je ______________________

Tu ______________________

Il ______________________

Ns ______________________

Vs ______________________

Ils ______________________

IMPARFAIT

Je ______________________

Tu ______________________

Il ______________________

Ns ______________________

Vs ______________________

Ils ______________________

FUTUR SIMPLE

Je ______________________

Tu ______________________

Il ______________________

Ns ______________________

Vs ______________________

Ils ______________________

PASSE COMPOSE

J' ______________________

Tu ______________________

Il ______________________

Ns ______________________

Vs ______________________

Ils ______________________

FUTUR PROCHE

Je ______________________

Tu ______________________

Il ______________________

Ns ______________________

Vs ______________________

Ils ______________________

CONDITIONNEL

PRESENT

Je ______________________

Tu ______________________

Il ______________________

Ns ______________________

Vs ______________________

Ils ______________________

IMPERATIF

PRESENT

- ______________________
- ______________________
- ______________________

PARTICIPE

PASSE

m.s. ______________________

m.p. ______________________

f.s. ______________________

f.p. ______________________

 N ______________________ D ______________________

© Copyright Plantyn - Reproduction interdite

SYNTHESE : MANGER

Complète les tableaux.

INDICATIF

PRESENT

Je ______
Tu ______
Il ______
Ns ______
Vs ______
Ils ______

IMPARFAIT

Je ______
Tu ______
Il ______
Ns ______
Vs ______
Ils ______

FUTUR SIMPLE

Je ______
Tu ______
Il ______
Ns ______
Vs ______
Ils ______

PASSE COMPOSE

J' ______
Tu ______
Il ______
Ns ______
Vs ______
Ils ______

FUTUR PROCHE

Je ______
Tu ______
Il ______
Ns ______
Vs ______
Ils ______

CONDITIONNEL

PRESENT

Je ______
Tu ______
Il ______
Ns ______
Vs ______
Ils ______

IMPERATIF

PRESENT

- ______
- ______
- ______

PARTICIPE

PASSE

m.s. ______
m.p. ______
f.s. ______
f.p. ______

 N ______ D ______

SYNTHESE : PARTIR

Complète les tableaux.

INDICATIF

PRESENT	IMPARFAIT	FUTUR SIMPLE
Je ______	Je ______	Je ______
Tu ______	Tu ______	Tu ______
Il ______	Il ______	Il ______
Ns ______	Ns ______	Ns ______
Vs ______	Vs ______	Vs ______
Ils ______	Ils ______	Ils ______

PASSE COMPOSE	FUTUR PROCHE
Je ______	Je ______
Tu ______	Tu ______
Il ______	Il ______
Ns ______	Ns ______
Vs ______	Vs ______
Ils ______	Ils ______

CONDITIONNEL

PRESENT
Je ______
Tu ______
Il ______
Ns ______
Vs ______
Ils ______

IMPERATIF

PRESENT
- ______
- ______
- ______

Si ..., tu partirais
à la montagne.

PARTICIPE

PASSE
m.s. ______
m.p. ______
f.s. ______
f.p. ______

 N ______ D ______

© Copyright Plantyn - Reproduction interdite

SYNTHESE : DORMIR

Complète les tableaux.

INDICATIF

PRESENT

Je ______________

Tu ______________

Il ______________

Ns ______________

Vs ______________

Ils ______________

IMPARFAIT

Je ______________

Tu ______________

Il ______________

Ns ______________

Vs ______________

Ils ______________

FUTUR SIMPLE

Je ______________

Tu ______________

Il ______________

Ns ______________

Vs ______________

Ils ______________

PASSE COMPOSE

J' ______________

Tu ______________

Il ______________

Ns ______________

Vs ______________

Ils ______________

FUTUR PROCHE

Je ______________

Tu ______________

Il ______________

Ns ______________

Vs ______________

Ils ______________

CONDITIONNEL

PRESENT

Je ______________

Tu ______________

Il ______________

Ns ______________

Vs ______________

Ils ______________

IMPERATIF

PRESENT

- ______________
- ______________
- ______________

PARTICIPE

PASSE

m.s. ______________

m.p. ______________

f.s. ______________

f.p. ______________

 N ______________ D ______________

SYNTHESE : SERVIR

Complète les tableaux.

INDICATIF

PRESENT

Je ____________
Tu ____________
Il ____________
Ns ____________
Vs ____________
Ils ____________

IMPARFAIT

Je ____________
Tu ____________
Il ____________
Ns ____________
Vs ____________
Ils ____________

FUTUR SIMPLE

Je ____________
Tu ____________
Il ____________
Ns ____________
Vs ____________
Ils ____________

PASSE COMPOSE

J' ____________
Tu ____________
Il ____________
Ns ____________
Vs ____________
Ils ____________

FUTUR PROCHE

Je ____________
Tu ____________
Il ____________
Ns ____________
Vs ____________
Ils ____________

CONDITIONNEL

PRESENT

Je ____________
Tu ____________
Il ____________
Ns ____________
Vs ____________
Ils ____________

IMPERATIF

PRESENT

- ____________
- ____________
- ____________

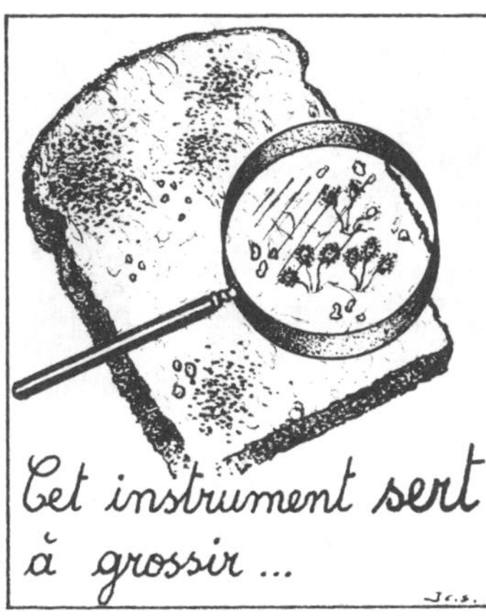

Cet instrument sert à grossir ...

PARTICIPE

PASSE

m.s. ____________
m.p. ____________
f.s. ____________
f.p. ____________

 N ____________ D ____________

© Copyright Plantyn - Reproduction interdite

SYNTHESE : SUIVRE

Complète les tableaux.

INDICATIF

PRESENT

Je ______
Tu ______
Il ______
Ns ______
Vs ______
Ils ______

IMPARFAIT

Je ______
Tu ______
Il ______
Ns ______
Vs ______
Ils ______

FUTUR SIMPLE

Je ______
Tu ______
Il ______
Ns ______
Vs ______
Ils ______

PASSE COMPOSE

J' ______
Tu ______
Il ______
Ns ______
Vs ______
Ils ______

FUTUR PROCHE

Je ______
Tu ______
Il ______
Ns ______
Vs ______
Ils ______

CONDITIONNEL

PRESENT

Je ______
Tu ______
Il ______
Ns ______
Vs ______
Ils ______

IMPERATIF

PRESENT

- ______
- ______
- ______

PARTICIPE

PASSE

m.s. ______
m.p. ______
f.s. ______
f.p. ______

 N ______ D ______

SYNTHESE : OFFRIR

Complète les tableaux.

INDICATIF

PRESENT	IMPARFAIT	FUTUR SIMPLE
Je ______	Je ______	Je ______
Tu ______	Tu ______	Tu ______
Il ______	Il ______	Il ______
Ns ______	Ns ______	Ns ______
Vs ______	Vs ______	Vs ______
Ils ______	Ils ______	Ils ______

PASSE COMPOSE	FUTUR PROCHE
J' ______	Je ______
Tu ______	Tu ______
Il ______	Il ______
Ns ______	Ns ______
Vs ______	Vs ______
Ils ______	Ils ______

CONDITIONNEL

PRESENT
Je ______
Tu ______
Il ______
Ns ______
Vs ______
Ils ______

IMPERATIF

PRESENT
- ______
- ______
- ______

Nous lui offrirons un cadeau.

PARTICIPE

PASSE
m.s. ______
m.p. ______
f.s. ______
f.p. ______

 N ______ D ______

© Copyright Plantyn - Reproduction interdite

SYNTHESE : RECEVOIR

Complète les tableaux.

INDICATIF

PRESENT

Je ______

Tu ______

Il ______

Ns ______

Vs ______

Ils ______

IMPARFAIT

Je ______

Tu ______

Il ______

Ns ______

Vs ______

Ils ______

FUTUR SIMPLE

Je ______

Tu ______

Il ______

Ns ______

Vs ______

Ils ______

PASSE COMPOSE

J' ______

Tu ______

Il ______

Ns ______

Vs ______

Ils ______

FUTUR PROCHE

Je ______

Tu ______

Il ______

Ns ______

Vs ______

Ils ______

CONDITIONNEL

PRESENT

Je ______

Tu ______

Il ______

Ns ______

Vs ______

Ils ______

IMPERATIF

PRESENT

- ______
- ______
- ______

PARTICIPE

PASSE

m.s. ______

m.p. ______

f.s. ______

f.p. ______

 N ______ D ______

SYNTHESE : RENDRE

Complète les tableaux.

INDICATIF

PRESENT

Je ______________
Tu ______________
Il ______________
Ns ______________
Vs ______________
Ils ______________

IMPARFAIT

Je ______________
Tu ______________
Il ______________
Ns ______________
Vs ______________
Ils ______________

FUTUR SIMPLE

Je ______________
Tu ______________
Il ______________
Ns ______________
Vs ______________
Ils ______________

PASSE COMPOSE

J' ______________
Tu ______________
Il ______________
Ns ______________
Vs ______________
Ils ______________

FUTUR PROCHE

Je ______________
Tu ______________
Il ______________
Ns ______________
Vs ______________
Ils ______________

CONDITIONNEL

PRESENT

Je ______________
Tu ______________
Il ______________
Ns ______________
Vs ______________
Ils ______________

IMPERATIF

PRESENT

- ______________
- ______________
- ______________

PARTICIPE

PASSE

m.s. ______________
m.p. ______________
f.s. ______________
f.p. ______________

 N ______________ D ______________

© Copyright Plantyn - Reproduction interdite

SYNTHESE : METTRE

Complète les tableaux.

INDICATIF

PRESENT

Je ______________________
Tu ______________________
Il ______________________
Ns ______________________
Vs ______________________
Ils ______________________

IMPARFAIT

Je ______________________
Tu ______________________
Il ______________________
Ns ______________________
Vs ______________________
Ils ______________________

FUTUR SIMPLE

Je ______________________
Tu ______________________
Il ______________________
Ns ______________________
Vs ______________________
Ils ______________________

PASSE COMPOSE

J' ______________________
Tu ______________________
Il ______________________
Ns ______________________
Vs ______________________
Ils ______________________

FUTUR PROCHE

Je ______________________
Tu ______________________
Il ______________________
Ns ______________________
Vs ______________________
Ils ______________________

CONDITIONNEL

PRESENT

Je ______________________
Tu ______________________
Il ______________________
Ns ______________________
Vs ______________________
Ils ______________________

IMPERATIF

PRESENT

- ______________________
- ______________________
- ______________________

PARTICIPE

PASSE

m.s. ______________________
m.p. ______________________
f.s. ______________________
f.p. ______________________

 N ______________________ D ______________________

SYNTHESE : LIRE

Complète les tableaux.

INDICATIF

PRESENT

Je ______
Tu ______
Il ______
Ns ______
Vs ______
Ils ______

IMPARFAIT

Je ______
Tu ______
Il ______
Ns ______
Vs ______
Ils ______

FUTUR SIMPLE

Je ______
Tu ______
Il ______
Ns ______
Vs ______
Ils ______

PASSE COMPOSE

J' ______
Tu ______
Il ______
Ns ______
Vs ______
Ils ______

FUTUR PROCHE

Je ______
Tu ______
Il ______
Ns ______
Vs ______
Ils ______

CONDITIONNEL

PRESENT

Je ______
Tu ______
Il ______
Ns ______
Vs ______
Ils ______

IMPERATIF

PRESENT

- ______
- ______
- ______

PARTICIPE

PASSE

m.s. ______
m.p. ______
f.s. ______
f.p. ______

 N ______ D ______

© Copyright Plantyn - Reproduction interdite

SYNTHESE : ECRIRE

Complète les tableaux.

INDICATIF

PRESENT

Je ______

Tu ______

Il ______

Ns ______

Vs ______

Ils ______

IMPARFAIT

Je ______

Tu ______

Il ______

Ns ______

Vs ______

Ils ______

FUTUR SIMPLE

Je ______

Tu ______

Il ______

Ns ______

Vs ______

Ils ______

PASSE COMPOSE

J' ______

Tu ______

Il ______

Ns ______

Vs ______

Ils ______

FUTUR PROCHE

Je ______

Tu ______

Il ______

Ns ______

Vs ______

Ils ______

CONDITIONNEL

PRESENT

Je ______

Tu ______

Il ______

Ns ______

Vs ______

Ils ______

IMPERATIF

PRESENT

- ______
- ______
- ______

J'écrirai un texte sur le carnaval.

PARTICIPE

PASSE

m.s. ______

m.p. ______

f.s. ______

f.p. ______

 N ______ D ______

SYNTHESE : BOIRE

Complète les tableaux.

INDICATIF

PRESENT

Je ______
Tu ______
Il ______
Ns ______
Vs ______
Ils ______

IMPARFAIT

Je ______
Tu ______
Il ______
Ns ______
Vs ______
Ils ______

FUTUR SIMPLE

Je ______
Tu ______
Il ______
Ns ______
Vs ______
Ils ______

PASSE COMPOSE

J' ______
Tu ______
Il ______
Ns ______
Vs ______
Ils ______

FUTUR PROCHE

Je ______
Tu ______
Il ______
Ns ______
Vs ______
Ils ______

CONDITIONNEL

PRESENT

Je ______
Tu ______
Il ______
Ns ______
Vs ______
Ils ______

IMPERATIF

PRESENT

- ______
- ______
- ______

PARTICIPE

PASSE

m.s. ______
m.p. ______
f.s. ______
f.p. ______

 N ______ D ______

© Copyright Plantyn - Reproduction interdite

SYNTHESE : VIVRE

Complète les tableaux.

INDICATIF

PRESENT

Je ____________

Tu ____________

Il ____________

Ns ____________

Vs ____________

Ils ____________

IMPARFAIT

Je ____________

Tu ____________

Il ____________

Ns ____________

Vs ____________

Ils ____________

FUTUR SIMPLE

Je ____________

Tu ____________

Il ____________

Ns ____________

Vs ____________

Ils ____________

PASSE COMPOSE

J' ____________

Tu ____________

Il ____________

Ns ____________

Vs ____________

Ils ____________

FUTUR PROCHE

Je ____________

Tu ____________

Il ____________

Ns ____________

Vs ____________

Ils ____________

CONDITIONNEL

PRESENT

Je ____________

Tu ____________

Il ____________

Ns ____________

Vs ____________

Ils ____________

IMPERATIF

PRESENT

- ____________
- ____________
- ____________

PARTICIPE

PASSE

m.s. ____________

m.p. ____________

f.s. ____________

f.p. ____________

 N ____________ D ____________

EXERCICE DE RECAPITULATION

Conjugue chaque verbe au temps et mode indiqués.

1 Vous *(écrire - ind. imparfait)* ________________ vos cartes d'invitation.

2 Valérie, si tu *(jouer - ind. imparfait)* ________________ avec nous,
ta petite sœur *(venir - cond. présent)* ________________ peut-être.

3 Tu *(remettre - ind. passé composé)* ________________ les livres.

4 Nous *(apercevoir - ind. futur simple)* ________________ ta maison.

5 Il *(inscrire - ind. présent)* ________________ son fils dans ce club.

6 «*(promettre - imp. présent 2 p.s.)* ________________-moi d'être sage.»

7 Cette latte *(appartenir - ind. présent)* ________________ à Caroline.

8 Tu *(descendre - ind. futur proche)* ________________ par l'escalier.

9 Si nous *(aller - ind. imparfait)* ________________ au cirque ce soir,
vous *(vouloir - cond. présent)* ________________ nous accompagner.

10 Je *(pouvoir - cond. présent)* ________________ les faire partir si...

11 Des enfants *(écrire - ind. passé composé)* ________________ ce texte.

12 Il *(parler - ind. présent)* ________________ souvent de sa sœur.

13 *(entendre - ind. passé composé)* ______-tu __________ la chanson
que maman *(fredonner - ind. imparfait)* ________________ .

14 Si Philippe *(savoir - ind. imparfait)* ________________ prendre congé,
il *(dormir - cond. présent)* ________________ avec nous sous la tente.

15 Je *(boire - ind. futur simple)* ________________ de cette eau fraîche.

16 «*(rendre - imp. présent 1 p.p.)* ________________-nous à cet endroit.»

17 Les filles *(entrer - ind. futur proche)* ________________ sur scène.

18 Tu les *(féliciter - ind. futur simple)* ________________ toutes.

19 J'*(éloigner - ind. passé composé)* ________________ les enfants.

20 Les ouvriers *(démolir - ind. imparfait)* ________________ ce taudis.

21 *(gonfler - cond. présent)* ________________-vous tous ces ballons?

22 *(dire - imp. présent 2 p.p.)* ________________ à tous vos amis que le
spectacle *(être - ind. présent)* ________________ formidable.

23 Benjamin *(aller - ind. futur simple)* ________________ chez toi.

24 «*(être - imp. prés. 2 p.s.)* __________ poli, *(dire - imp. prés. 2 p.s.)* __________ merci.»

 N ________________________ D ________________________

© Copyright Plantyn - Reproduction interdite

EXERCICES DE RECAPITULATION

Conjugue chaque verbe correctement.

A. 1 recevoir (Cond. présent - 1 p.s.) ____________

2 vivre (Imp. présent - 1 p.p.) ____________

3 faire (Ind. présent - 2 p.p.) ____________

4 dormir (Ind. futur simple - 3 p.s.) ____________

5 jeter (Ind. imparfait - 3 p.p.) ____________

6 vider (Ind. passé composé - 2 p.s.) ____________

7 lire (Participe passé) ____________

8 être (Imp. présent 2 p.s.) ____________

9 placer (Ind. imparfait - 3 p.s.) ____________

10 venir (Ind. futur proche - 1 p.s.) ____________

B. 1 mettre (Imp. présent - 2 p.s.) ____________

2 savoir (Cond. présent - 3 p.p.) ____________

3 avoir (Ind. passé composé - 1 p.p.) ____________

4 manger - (Ind. imparfait - 3 p.s.) ____________

5 suivre (Participe passé) ____________

6 aller (Ind. présent - 1 p.p.) ____________

7 vouloir (Cond. présent - 2 p.p.) ____________

8 boire (Ind. futur simple - 1 p.s.) ____________

9 rendre (Ind. futur proche - 3 p.p.) ____________

10 servir (Participe passé) ____________

C. 1 finir (Ind. imparfait - 2 p.s.) ____________

2 lever - (Ind. futur simple - 2 p.p.) ____________

3 offrir (Cond. présent - 1 p.p.) ____________

4 pouvoir (Ind. présent - 3 p.s.) ____________

5 tenir (Imp. présent - 2 p.s.) ____________

 N ____________ D ____________

EXERCICES DE RECAPITULATION

Indique le mode, le temps et la personne auxquels ces verbes ont été conjugués.

		Mode	*Temps*	*Personne*
A.	**1** Ils jouaient dehors.			
	2 Tu saurais le voir.			
	3 Mets tes chaussures!			
	4 Vous offrirez ces fleurs.			
	5 Je dors très bien.			
	6 Nous l'avons fait.			
	7 Ne viens pas chez moi!			
	8 Il suivra l'émission.			
	9 Elles vont aller les voir.			
	10 Je vous reçois.			
B.	**1** Elle tiendrait l'entrée.			
	2 Vous avez lu le titre.			
	3 Ils vont vivre en paix.			
	4 Nous sommes prêts.			
	5 Pars immédiatement!			
	6 Il a voulu l'attraper.			
	7 Je jetais la balle.			
	8 Vous buviez du lait.			
	9 Elle servirait de modèle.			
	10 Nous ferions ce jeu.			
C.	**1** Sortons par derrière.			
	2 Tu présenteras ton ami.			
	3 Fabien téléphonait.			
	4 Michel et Julie ont joué.			
	5 Vous lui donneriez à boire.			

 N ______________________ D ______________________

© Copyright Plantyn - Reproduction interdite

EXERCICES DE RECAPITULATION

A. Ecris chaque phrase au futur simple de l'indicatif

1 Il me promet de venir. ______

2 Tu as défait ce mobile. ______

3 Vous entendiez les résultats. ______

4 Ils suivraient son exemple. ______

5 Nous allons lever les bras. ______

B. Ecris chaque phrase au passé composé de l'indicatif.

1 Le chat mangera sa pâtée. ______

2 Elle déplace les tables. ______

3 Ils me le permettent. ______

4 Vous suivez son regard. ______

5 Je suis en retard. ______

C. Ecris chaque phrase à l'imparfait de l'indicatif.

1 J'ai entendu un cri. ______

2 Vous lui ferez un signe. ______

3 Valérie a lu le texte. ______

4 Elles vont défaire le décor. ______

5 Tu rendrais ce service. ______

D. Ecris chaque phrase au présent de l'indicatif.

1 Il voulait l'avoir. ______

2 Nous finirons cet exercice. ______

3 On a levé l'ancre. ______

4 Cindy aurait raison. ______

5 Prenez l'autobus! ______

6 Elle soupirait de fatigue. ______

7 L'avion les transportera. ______

8 Tu voyageais. ______

9 David visera la cible. ______

10 Les jeux vont changer. ______

 N ______ D ______

ISBN 2 8010 0134 1 • PDLC40W/006-05 • D2003/0120/083